D1321959

Slangen
voor beginners

Colofon

© 2006 Zuid Boekprodukties b.v.

Tekst: Leo van Lindt
Fotografie: Laurent Smet
Redactie: Furrytails.nl
Omslagontwerp en lay-out: Minkowsky, visuele communicatie, Enkhuizen
www.rebo-publishers.com
info@rebo-publishers.com

ISBN 90 5841 125 7
NUR 431

basis gids
dierenverzorging

Slangen
voor beginners

Leo van Lindt

ZUID
BOEKPRODUKTIES

Inhoud

Hoofdstuk 1

Slangen nader bekeken

Slangen

Slangen behoren tot de klasse van reptielen (Reptilia). Samen met de hagedissen vormen ze de orde van Squamata, die uiteenvalt in twee onderordes: de onderorde slangen (Serpentes) en die van hagedissen (Sauria). Er zijn wereldwijd ongeveer 2800 verschillende soorten slangen beschreven. De slangen die we kennen als terrariumdieren, kunnen we grofweg onderverdelen in de gifslangen en de wurgslangen:

Wurgslangen

Wurgslangen vormen een bekende groep onder de slangenliefhebbers. In deze groep vinden we enkele zeer bekende en geliefde soorten die ook door beginners kunnen worden gehouden. Wurgslangen hebben hun naam te danken aan de wijze waarop ze hun prooi doden, namelijk door deze te wurgen. Een wurgslang bijt zich vast in zijn prooi en wikkelt zich er strak omheen. Steeds als de prooi uitademt, wikkelt de wurgslang zich er vaster omheen. Op deze manier komt er een moment waarop de prooi niet meer in staat is te ademen en stikt. Wurgslangen hebben ook tanden en kunnen gevoelige beten uitdelen; hun tanden bevatten echter geen gif.

Elaphe schrenckii schrenckii

Een van de bekendste gifslangen: de ratelslang

Gifslangen

Onder de duizenden slangensoorten die zijn beschreven, zijn ongeveer zevenhonderd soorten giftig. Gifslangen hebben tanden waarmee ze gif in hun prooi kunnen brengen. De giftanden zijn in sommige gevallen (bijvoorbeeld bij adders) uitklapbaar: deze klappen naar voren als het prooidier wordt aangevallen. Tijdens de beet komt het gif in het prooidier terecht, waardoor het verlamd raakt en kan worden opgegeten. De regels omtrent het houden van gifslangen zijn streng; de beet van een gifslang kan blijvende dan wel dodelijke gevolgen hebben. In landen waar weinig gifslangen in het wild voorkomen, is de medische hulp niet of nauwelijks hierop ingericht en is een serum niet altijd (tijdig) voorhanden. Het houden van gifslangen is specialistenwerk: in het kader van deze uitgave is er dan ook voor gekozen om gifslangen niet te behandelen.

Warmtebehoevend

Slangen zijn ectotherme dieren. In tegenstelling tot warmbloedige dieren regelen ectothermen hun lichaamstemperatuur door een koudere of warmere omgevingstemperatuur op te zoeken. De lichaamsfuncties van slangen passen zich aan de omgevingstemperatuur aan. Hoe warmer het is, hoe

Slangen zoeken naar behoefte de zon (warmte) of juist schaduw op (Boa constrictor constrictor)

sneller ze zich kunnen bewegen en hoe sneller ze hun eten (kunnen) verteren. Bij lagere temperaturen neemt het dier 'gas terug': het beweegt traag en heeft minder zuurstof en voedsel nodig, en het voedsel wordt ook langzamer verteerd. Een slang zoekt, zo mogelijk, zelf de temperatuurzone op die het beste past bij zijn of haar toestand. Bijvoorbeeld: een vrouw die eieren met zich meedraagt, zal op de warmst mogelijke plekken blijven, terwijl een slang in een gebied waar voedsel schaars is, koudere zones opzoekt omdat het dier op deze manier minder voedsel nodig heeft. Plotselinge afkoeling echter verloopt vrijwel altijd fataal voor een slang. Zeker als de slang op dat moment voedsel in het spijsverteringskanaal heeft: dit kan dan namelijk niet worden verteerd en gaat rotten en gisten. Het is dan ook geen verrassing dat we veel slangensoorten aantreffen in tropische en subtropische gebieden, maar ook in gematigde klimaten. Op de Noordpool komen geen slangen voor.

Gebitstypen

In de slangenwereld worden grofweg vier verschillende gebitstypen onderscheiden:

- *Aglyphe: het type dat we tegenkomen bij wurgslangen, vrij korte tanden;*
- *Solenoglyphe: lange, holle giftanden die naar voren kunnen klappen en waar het gif doorheen stroomt (zoals bij Viperidae);*
- *Proteroglyphe: vaste, kleine tanden met een gleuf aan de buitenzijde waar het gif langs stroomt (zoals bij Elapidae);*
- *Opisthoglyphe: de giftanden bevinden zich hierbij achter in de bek. Deze gifslangen moeten dus een deel van de prooi daadwerkelijk in de bek nemen om deze te kunnen verlammen (zoals bij sommige Colubridae).*

Ook wurgslangen (zoals deze Hierophis viridiflavus) hebben tanden en kunnen gevoelige beten uitdelen

Zintuigen

Gehoor en trillingen

Men gaat er voorlopig nog van uit dat slangen doof zijn. In elk geval ontbreken oren, oorschelpen en zelfs een inwendig gehoororgaan. Geluid zouden zij kunnen opvangen door middel van trillingen. Hun hele lichaam kan de kleinste trillingen in de omgeving waarnemen.

Gezichtsvermogen

Het gezichtsvermogen van de meeste slangen (maar beslist niet van allemaal!) is slecht. Verreweg de meeste slangensoorten zijn zeer bijziend, wat betekent dat ze alleen van heel dichtbij dingen daadwerkelijk kunnen zien, en bewegende dingen. Omdat ze niet afhankelijk zijn van hun gezichtsvermogen heeft de afwezigheid van licht geen invloed op hun vermogen een prooi te lokaliseren. Dit geldt uiteraard niet voor de dagactieve slangen, die wel een prima gezichtsvermogen hebben.

Reukvermogen

Geuren worden opgenomen via de (gevorkte) tong

Slangen vertrouwen vooral op hun reukvermogen. Geuren nemen zij op via de (gevorkte) tong. De geurstoffen die de tong opneemt, worden in de mondholte door het zogenaamde orgaan van Jacobson gedetermineerd. Dit verklaart ook waarom slangenhouders die hun handen niet hebben gewassen nadat ze hun voederdieren (muizen bijvoorbeeld) hebben verzorgd, nog wel eens per ongeluk door hun slangen worden gebeten: hun vingers ruiken naar prooidier. Ook kunnen slangen op deze manier een geurspoor ruiken van een prooidier: ze nemen met hun tong de geurstoffen waar van de voetafdrukken van hun prooidier en kunnen het dan volgen.

Temperatuur

Ten slotte kunnen diverse slangensoorten (waaronder de giftige ratelslangen en groefkopadders, maar ook de meeste pythons) zeer goed temperatuur meten en op deze manier een prooi waarnemen. Bij deze slangensoorten heeft het voor het prooidier geen zin om dekking te zoeken: of het nu dag of nacht is, door middel van warmtedetectie weet de slang exact waar de prooi zich schuilhoudt. Men gaat ervan uit dat het dier zijn prooi 'ziet' door middel van warmtereceptoren (aan de zijkant van de kop en/of op de bovenlip), die het dier een 'infrarood' zicht geven van alles wat binnen zijn 'blikveld' warmte uitstraalt.

Slangenogen

Slangen hebben geen oogleden. Ze kunnen hun ogen dus niet sluiten, iets wat bijvoorbeeld vele hagedissensoorten wel kunnen. Over het oog zit een doorzichtige schub (de 'bril'), die de ogen beschermt. Zodra een slang op het punt staat te vervellen, verliest de bril zijn transparantie en zal samen met de rest van het vel worden afgestoten.

pag. 11:
Tapijtpython

Voedsel

De meeste slangen eten levende dieren. Welke prooidieren worden gegeten, is per soort verschillend. Ook de grootte van een prooidier is afhankelijk van de soort slang, de habitat en zijn of haar grootte. Bovendien zijn slangen individuen: ze kunnen een voorkeur ontwikkelen voor een bepaald prooidier. Slangen zijn tevens opportunisten: in principe eten ze als ze daarvoor de kans krijgen. Op deze manier kunnen ze een reserve opbouwen voor magerder tijden. Als ze zich een periode goed hebben gevoed, kunnen ze vaak maandenlang zonder voedsel. Hierin verschillen ze van vele andere diersoorten, die wel een regelmaat kennen in voedselopname. Slangen die in winterrust zijn, eten uiteraard niets: ze kunnen bij lage temperaturen ook geen voedsel verteren.

Eten

De prooi wordt altijd in zijn geheel verorberd, waarbij de kop meestal het eerst naar binnen wordt gewerkt. Als de prooi erg groot is, kan een slang zijn kaken 'losgooien' en de bek enorm ver openen. De slangenhuid en de organen zijn zeer rekbaar: de (grote) prooi kan op deze manier toch in zijn geheel worden opgegeten. Bij het eten wordt veel slijm geproduceerd waardoor de prooi doorglijdt. Dit opeten kan enige tijd in beslag nemen. In de natuur is een slang kwetsbaar als hij bezig is een prooi te verorbe-

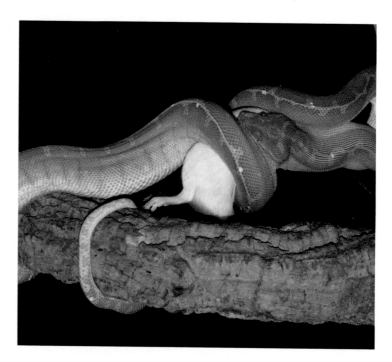

*De kop wordt meestal
het eerst gegeten*

ren: slangen eten dan ook alleen als ze zich veilig voelen. De maag en darmen zijn extreem elastisch. Heeft een slang een erg grote prooi gegeten, dan is deze duidelijk zichtbaar als een bobbel in het slangenlichaam.

Jagen

Slangen kennen (in grote lijnen) twee manieren van jagen: actief en passief. De actieve jagers gaan op zoek naar een prooi en leggen daarvoor afstanden af (bijvoorbeeld Colubridae). De passieve jagers (zoals de meeste Boidae) wachten op een bepaalde plek waar ze, bijvoorbeeld door de geur, vermoeden dat er een prooi voorbij kan komen, en slaan toe zodra die prooi daadwerkelijk binnen hun reikwijdte komt.

Vervellen

Slangen groeien hun hele leven lang door. In hun eerste levensjaren kunnen ze enorm groeien, terwijl ze in hun laatste jaren nauwelijks nog langer en dikker worden. De huid groeit echter niet met het lichaam mee. Deze valt af zodra eronder een nieuwe huid is aangemaakt. De vervelling begint bij de kop en zet meestal snel in nadat de ogen dof zijn geworden; dit zijn niet de ogen zelf, maar de transparante schub die de ogen bedekt en die eveneens wordt afgeworpen. Het oude vel wordt in zijn geheel afgestoten. Bij een gezonde en in topconditie verkerende slang blijft er geen oude huid achter op het lichaam. De giftige ratelslang is daarop een uitzondering: bij elke vervelling blijft een deel van de oude huid achter op de ratel aan het einde van de staart, die op deze manier met de jaren steeds groter en langer wordt.

Slangen kennen in grote lijnen twee manieren van jagen: actief en passief

Hoe vaak vervelt een slang?

Het is niet aan te geven hoe vaak een slang per jaar vervelt. Een jonge slang vervelt veel vaker dan een volwassen exemplaar en een gewonde slang zal ook vaker vervellen.

Geslachtsonderscheid

Het verschil tussen mannelijke en vrouwelijke dieren is in principe niet aan de buitenkant te zien. Er wordt wel gezegd dat volwassen vrouwelijke dieren groter zijn en een dunnere staartwortel hebben dan mannen, maar dit is een verre van feilloze methode. Om zekerheid omtrent het geslacht te verkrijgen kan een expert (zeer ervaren kweker, reptielenspeciaalzaak of dierenarts met reptielenspecialisatie) de dieren sonderen. Meer hierover in hoofdstuk 7: Kweek.

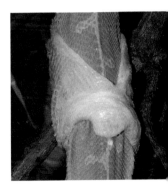

Vervelling

Voortplanting

Slangen leggen eieren of zijn eierlevendbarend. De eileggers zoeken een beschutte plaats om hun eieren (1-80 stuks, doorgaans wit) te leggen. Vrijwel alle andere soorten kijken niet naar hun legsel om, met uitzondering van de pythons. Zij blijven bij het legsel om het te beschermen en het actief uit te broeden. Bij eierlevendbarende slangen ontwikkelen de jongen in de eieren zich in het moederlichaam (de eileider) – de veiligste plaats. De jongen worden gevoed door voedingsstoffen in het ei. Als het jong ver genoeg is ontwikkeld, komt het ter wereld. Slangen kennen in principe geen zorg voor hun jongen.

Dagindeling en karakter

Het activiteitenniveau van slangen is afhankelijk van de soort en de temperatuur: slangen zijn actiever als het warm is. Veel slangen slapen overdag veel en worden actief in de schemering. Er zijn ook slangen die met tussenpozen zowel dag- als nachtactief zijn. Het activiteitenniveau is verder afhankelijk van de soort (kousenbandslangen zijn bijvoorbeeld van nature beweeglijk). Slangen zijn echte individuen. Bepaalde soorten zijn bijvoorbeeld wat makkelijker te hanteren en rustiger dan andere, maar dan nog zijn er binnen zo'n soort grote, individuele karakterverschillen. De slangenhouder zal zijn of haar slangen op een gegeven moment leren kennen en merkt dan aan het gedrag of de slang honger heeft, het te koud of te warm heeft of in een agressieve/defensieve bui is.

Slangen leggen eieren of zijn eierlevendbarend (Lampropeltis getulus californiae)

Voor een dier van een jaar oud, achter een volwassen dier

Kleuren en patronen

Slangen komen voor in talloze kleuren en patronen. Broedlingen (zeer jonge slangetjes) kunnen een totaal andere kleur en ander patroon hebben dan op volwassen leeftijd. Ook zien we bij een aantal slangensoorten een natuurlijke variatie in kleur. Dit geldt bijvoorbeeld voor de Afrikaanse huisslang, die in zijn natuurlijke verspreidingsgebied in alle variaties tussen vrijwel zwart, olijfgroen en oranje voorkomt. Afwijkende kleuren kunnen ontstaan door een mutatie, een plotselinge verandering in het genetisch materiaal, en komt voor bij alles wat leeft. Als een afwijkend gekleurde slang bij een slangenhouder het levenslicht ziet, is de kans groot dat deze zal proberen de nieuwe kleur vast te leggen. Later, als er veel meer exemplaren zijn gefokt met deze kleur en de kleur dus is veiliggesteld, wordt vaak ook geprobeerd om zo'n kleur te combineren met andere kleuren, zodat door die combinaties weer nieuwe variëteiten ontstaan. De populaire korenslang (ook wel: rode rattenslang) loopt wereldwijd voorop in het aantal mogelijkheden.

Hoe voelt een slang aan?
Het slangenlichaam is bedekt met schubben van keratine,
die droog en stevig aanvoelen.
Levensverwachting
Afhankelijk van de soort en de verzorging kan een slang 10-40 jaar oud worden.

Hoofdstuk 2

Huisvesting

Welke soort?

Elke slangensoort stelt zijn eigen eisen. Wordt een slang in een terrarium gehouden dat niet is afgestemd op zijn eisen en behoeften, dan is de kans zeer groot dat het dier binnen de kortste keren ziek wordt en zelfs dood-gaat. We kunnen hier niet elke soort apart behandelen, maar moeten ons beperken tot algemene richtlijnen die voor vrijwel alle slangensoorten gel-den. Voor elk slangenverblijf geldt in elk geval dat het makkelijk toegan-kelijk en schoon te maken moet zijn, dat de slang er beslist niet uit kan ontsnappen en dat het dier zich er thuis en goed in moet voelen.

Een terrarium moet beslist 'slangproof' zijn

Algemeen

Een terrarium kunt u kant en klaar aanschaffen bij een terrariumspeci-aalzaak of bij een slangenliefhebber die tevens verblijven maakt, maar u kunt het ook zelf maken. U zult merken dat er een enorme variatie in slan-genterraria is. De hokken van de grotere slangenkwekers bijvoorbeeld, zien er voor een leek vaak uit als archiefkasten: tientallen tot honderden plas-tic bakken (lades) in een wandstelling, waarin de kweekdieren en jonge slangen veilig kunnen wonen. In deze uitgave wordt er echter van uitge-gaan dat de slangenhouder naar zijn dier wil kijken en het terrarium een plaats geeft in de woon- of studeerkamer.

Ongeschikt: aan alle zijden onbeschut en alleen een toegang aan de bovenzijde

De plaats

Zet een terrarium op een zo rustig mogelijke plaats: slangen hebben snel last van stress. Stress tast het immuunsysteem aan en daarmee neemt de weerstand tegen ziekten af. Een te drukke omgeving (trillingen, licht en geluid) kan het dier dusdanig in de war brengen dat het niet meer wil eten, agressief wordt, zich steeds verstopt, ziek wordt en sterft. Zet de bak dan ook niet naast een veelgebruikte deur of 'in de loop'. Let ook op de lichtinval: er mag best kort een ochtendzonnetje in het terrarium schijnen, maar als dat urenlang is, kan dat de temperatuur in de bak te hoog opjagen. Zon in het terrarium maakt het ook moeilijker om de temperatuur in het terrarium te controleren.

Het materiaal

pag. 19:
Tapijtpythons

Maakt u zelf een verblijf, houd er dan rekening mee dat sommige slangen erg sterk zijn en wanden van elkaar kunnen 'wringen'. De wanden moeten dan ook zeer goed aan elkaar bevestigd zijn. Onderschat tevens hun gewicht niet; pythons die uitgroeien tot dieren van vijftig kilo zijn geen uitzondering. De bodem van de bak waarin het dier gehouden wordt, moet dit gewicht kunnen dragen en niet op den duur gaan doorbuigen (bijvoorbeeld door langdurige inwerking van vocht). Gewoon hout is dan ook zelden geschikt; betontriplex is dat wel. Aan de voorzijde kunt u glazen schuifpanelen maken die in een rails of uitsparing kunnen worden geschoven. Een opstaande rand onder de schuifpanelen is aan te bevelen. Dat voorkomt dat er elke keer dat u in het verblijf moet zijn, bodemmateriaal naar buiten valt. Pas de dikte van het glas aan de grootte van de terrariumbewoners aan. Laat u hierover voorlichten door een ervaren slangenhouder. Slangen zijn enorm gespierd en sterk; een extra slot op het schuifpaneel voorkomt dat de dieren het glas zelf opzij schuiven. Voor het gevoel van veiligheid dat slangen nodig hebben om zich goed te voelen, is er alleen een glaswand aan de voorzijde: de rest is ondoorzichtig.

Ventilatie

Ventilatie is belangrijk voor elk dierenverblijf. Een bedompte, vochtige omgeving is funest voor de gezondheid. Echter: tocht is dat ook, en voor slangen kan tocht dodelijk zijn. Breng ventilatieroosters of -panelen bij voorkeur aan de voorzijde onderin aan, en aan de achterzijde bovenin.

Aan drie zijden beschut: de slang voelt zich hier veilig(er)

De grootte

Stem de grootte van het terrarium af op het formaat van de dieren die erin wonen. Over het algemeen hoeft een terrarium niet zo heel erg groot te zijn: de meeste slangen houden juist niet van al te veel ruimte. Ze raken er gestrest van. Een terrarium voor een paartje korenslangen met een lengte van ongeveer 1,5 meter kan bijvoorbeeld 100 cm breed, 60 cm hoog en 40-50 cm diep zijn. Voor erg grote slangen kunt u de lengte van de bak verdubbelen, en worden de diepte en hoogte 60 cm tot 100 cm. Slangen die graag in bomen leven, hebben meer aan een hoog terrarium; slangen die bekendstaan als bodembewoners geeft u een terrarium met veel bodemruimte, dat liever breed en diep is dan hoog.

De achterwand

De achterwand wordt meestal gemaakt van kurkplaat, dat in elke terrariumspeciaalzaak te koop is en op maat kan worden gesneden.

Droge ondergrond

Bij de meeste populaire wurgslangen geldt dat een vochtige bodem leidt tot talloze gezondheidsproblemen. Het is erg belangrijk dat een slang kan beschikken over een droge ondergrond. Ook bij vochtminnende soorten moet een deel van het terrarium droog zijn, zodat het dier kan kiezen.

Ondergrond van papier

*Gemengde bodembedekking:
kurkschors en turfstrooisel*

Bodembedekking

Er zijn veel verschillende materialen die u op de bodem van het terrarium
kunt leggen. Elk type heeft zijn voor- en nadelen:
* *Beukenhouten snippers* ruiken lekker en zijn handig in het gebruik,
  maar let op dat ze niet scherp zijn.
* *Hydrokorrels* zijn schoon, licht en praktisch in het gebruik (wel eerst
  goed wassen en drogen).
* *Cocopeat* (tuincentrum) is een speciaal soort potaarde, die rul is en
  vocht goed vasthoudt.
* *Grof speelzand en grind* worden wel eens toegepast bij slangen uit woe-
  stijngebieden.
* *Kurkschors of bastsnippers* zijn comfortabel voor de dieren en decoratief.
* *Turfstrooisel* is ook comfortabel en houdt vocht redelijk goed vast. Het
  voordeel hiervan is dat de hoge zuurgraad het leven voor kleine ongenode gasten moeilijk maakt.
* *Kranten- of keukenpapier* is niet echt decoratief maar wel praktisch en
  goedkoop: het wordt veel toegepast.
* Bepaalde soorten bodembedekking worden vaak gemengd, zoals kurkschors en turfstrooisel.

Bodembedekking en voeren

Bij vrijwel alle soorten bodembedekking bestaat het risico dat de slangen
er wat van binnenkrijgen tijdens het verorberen van een prooi. Dit kan problemen veroorzaken. Uit angst daarvoor houden veel slangenhouders hun

*Het risico bestaat altijd dat een
slang wat bodembedekking naar
binnen krijgt*

slangen op kranten, die ze regelmatig vervangen. Herfstbladeren zien er natuurlijker uit en kunnen een krantenlaag aan het oog onttrekken. Een andere mogelijkheid is om de slang buiten zijn verblijf te voeren, maar dit is niet altijd praktisch.

Ontsmetten

Vanwege het altijd op de loer liggende besmettingsgevaar (van mijten, schimmels of bacteriën) dient u uiterst voorzichtig om te gaan met alle spullen die u in het terrarium legt, of ze nu uit de natuur of uit een reptielenspeciaalzaak komen. Leg de spullen eerst een paar dagen in een aparte ruimte in huis: verandering van luchtvochtigheid en temperatuur doodt al bepaalde ongenode gasten. Spray het materiaal vervolgens in met 5% chloorhexidineoplossing en laat het goed drogen voor u het in het terrarium legt.

Klimtak en zonplaats

In elk slangenverblijf (met uitzondering van woestijnslangen) hoort een stevige klimtak. Bij voorkeur is de klimtak onder de warmtespot gesitueerd, zodat het dier zich naar believen wat dichter bij of verder weg van de warmtespot kan opwarmen. De tak mag niet helemaal tot de spot doorlopen. Controleer voor u uw slang aanschaft met een thermometer hoe warm het wordt op welke hoogte, en pas de hoogte van de tak aan de warmte-

*Zet klimtakken stevig vast,
om ongelukken te voorkomen*

Echte planten zijn mooi, maar minder praktisch dan kunstplanten

behoefte aan van de soort die u wilt houden. De tak hoort zeer stevig te zijn en niet door te buigen – laat staan te breken – onder het gewicht van de slang. Houd rekening met het volwassen gewicht als u een nog jonge slang heeft: veel populaire slangensoorten groeien snel. Bevestig de tak stevig door hem op een dusdanige manier tussen de wanden vast te klemmen dat hij echt geen kant op kan. Het kan hierbij handig zijn om stevige V-vormige dragers aan de wanden vast te maken, waar u de tak(ken) op kunt leggen.

Planten

Wilt u planten in het terrarium, dan zijn kunstplanten het meest praktisch. Ze hebben geen verzorging nodig, zijn gemakkelijk schoon te maken en ogen altijd fris. Let er bij de aanschaf op dat ze stevig zijn. Slangen hebben de neiging om erin te klimmen en hun stevigheid te testen. De plant moet het gewicht dus wel kunnen dragen. Zorg er vooral voor dat de planten de slang niet hinderen: hij moet voldoende bewegingsruimte hebben. Uiteraard mogen er geen scherpe uitsteeksels aan de planten zitten, die de slang kunnen beschadigen. U kunt echte planten gebruiken zolang de pot goed verzwaard en afgedekt is en u de planten vooraf goed schoonmaakt.

Schuilplaatsen

Vrijwel alle slangen hebben schuilplaatsen nodig waar ze zich in terug kunnen trekken. Hiervoor kunnen allerlei materialen dienen. Denk bijvoorbeeld aan een halve uitgeholde boomstam, een flink stuk gebogen boomschors of gewoon een verdekt opgestelde, flinke kunststof koelkastdoos met een gat in de zijkant. Ook een stapel gladde stenen waarin u een 'hol' creëert is prima, zolang de stenen niet kunnen verschuiven. Het grote voordeel van een koelkastdoos is dat u deze tijdelijk af kunt sluiten om het terrarium schoon te maken. Zo loopt u geen risico gebeten te worden en hoeft u niet bij elke beweging rekening te houden met het dier. Houd er rekening mee dat u de schuilplaats moet kunnen weghalen voor als u eens genoodzaakt mocht zijn de slang uit zijn verblijf te halen. Het is niet de bedoeling om de slang steeds te storen, maar als het dier ziek is en hulp nodig heeft, en hij heeft zich verschanst in een schuilplaats die vastgekit is, geeft dat natuurlijk problemen.

Waterbak

Slangen hebben een 'hol' nodig om zich veilig te kunnen voelen

Bijna alle populaire slangensoorten zijn dol op water en ze liggen graag elke dag in hun waterbak. Een slang heeft voor een normale vervelling water nodig. Dit water zorgt tevens voor een wat hogere luchtvochtigheid in de bak. Een waterbak is dan ook een must. De bak moet zo groot zijn dat de slang er helemaal in kan liggen, én voldoende zwaar, zodat de bak niet kan worden omgestoten. Aardewerk is dan ook meestal de beste keus. Vul de waterbak niet helemaal, anders stroomt het water over als de slang erin gaat. Sommige slangen hebben er geen problemen mee als de bak op een open plek staat, andere juist wel. Merkt u dat uw slang nooit het water in gaat, dan kan dat liggen aan de plaats van de waterbak. Zet de bak dan op een meer beschutte plek.

Een waterbak (links) is voor vrijwel alle slangen een must

Op deze manier geven de kabels voldoende warmte af en wordt het glas niet geraakt

Warmte

Vroeger werd er nog wel eens van uitgegaan dat een bak een constante temperatuur moest hebben. Daar zijn de meeste liefhebbers op teruggekomen. In de natuur hebben de dieren natuurlijk ook te maken met verschillende temperatuurzones (schaduw, halfschaduw, zon, nacht en dag en seizoenen). In het ideale geval zou het dier daarom zelf moeten kunnen kiezen, zodat hij op die plaats kan liggen waar hij op dat moment behoefte aan heeft. Dit betekent dat er verschillende temperatuurzones in het terrarium moeten zijn. Op veel verschillende manieren kunt u dit bereiken. Warmtematten en warmtespots (en combinaties daarvan) zijn de meest gebruikte hulpmiddelen hiervoor.

Warmtespots

Warmtespots geven zowel licht als warmte af. Ze fungeren tevens als zonplek. De wattage moet zijn aangepast aan de diepte en grootte van de bak, maar ook aan de omgeving (woonkamer of onverwarmde garage). Breng dit type lamp links of rechts van het midden aan. Op deze manier kan het dier een koelere plaats opzoeken. Voor een groot terrarium (meer dan 1 meter breed) zijn warmtespots vaak onvoldoende sterk en worden ze bijvoorbeeld gecombineerd met warmtematten, keramische verwarmingselementen en warmtekabels.

Warmtematten

Warmtematten worden onderin, aan de zijkant en/of bovenin aangebracht, afhankelijk van de slangensoort en het verblijf. Warmtematten liggen tussen de bodem en een beschermende laag (bijvoorbeeld een glasplaat).

Warmtekabels

Warmtekabels kunnen net als warmtematten onderin, aan de zijkant en/of bovenin worden aangebracht, bij voorkeur tussen twee dunne houten platen of onder het (glas)terrarium. Laat altijd een ruimte van enkele millimeters tussen een – eventuele – glasplaat en een warmtekabel: het glas kan door de warmte springen.

NB: het is verstandig om een derde van het terrarium met een warmtemat of warmtekabels te verwarmen en de rest niet. Zo kan het dier de warme ondergrond opzoeken als het daar behoefte aan heeft. Warmtematten en -kabels kunnen eventueel 's nachts aan blijven.

Te warm of te koud?

Een thermostaat en een timer voor de verlichting: beide zijn onmisbaar

Als de temperatuurzones in de bak in orde zijn, zal de slang zich door de hele bak heen bewegen. Blijft hij steeds bij de spot 'rondhangen', dan is het duidelijk dat de bak te koud is. Ligt hij nooit bij de spot maar juist steeds ver daarvan verwijderd, of blijft hij steeds in het water, dan is het te warm. Het is verstandig om nog voor u een slang aanschaft, de temperatuur in de diverse zones in het verblijf te meten. Deze temperaturen moet overeenkomen met de eisen die de soort die u wilt gaan houden, stelt. Voor elke soort is dit weer anders.

Licht

De hoeveelheid licht kunt u het beste aanpassen aan de streek waar uw slangensoort vandaan komt. Een goed gemiddelde is ongeveer 12 uur licht per dag, maar er zijn ook slangen die minder licht gewend zijn en/of nodig hebben. Dit hangt tevens af van het seizoen: ook in de natuur zijn de dagen in bepaalde jaargetijden langer of korter. Over het algemeen hebben slangen liever te weinig dan te veel licht.

Belangrijk

Warmtematten en andere vergelijkbare systemen moeten worden gecombineerd met een thermostaat. Deze schakelt automatisch uit en aan om de temperatuur die u heeft ingesteld, te bereiken en te behouden.

Brandwonden

Veel slangen hebben de neiging zich om de warmtespot te draaien. Dat dit brandwonden oplevert, zal duidelijk zijn. De warmtespot moet daarom altijd afgedekt zijn met fijnmazig en 'slangproof' gaas.

Warmtespots moeten slangproof zijn afgeschermd

Hoofdstuk 3

Aanschaf

Bezint eer ge...

Het is niet verstandig om zomaar een soort aan te schaffen die u toevallig mooi of interessant vindt. Als uw slang erg groot en zwaar wordt, kunt en wilt u er dan nog voor zorgen? Dit komt bijvoorbeeld nog wel eens voor met de populaire en algemeen verkrijgbare *Python molurus bivittatus*, die in korte tijd 4 meter – en langer – kan worden. Kunt u een groter verblijf voor het dier aanschaffen of maken, en hem van meer en groter voedsel voorzien? Voor erg grote slangen kan het moeilijk zijn om een oppas te vinden tijdens uw vakantie, of zelfs om een nieuw thuis te vinden. Ze zijn ook (veel) duurder in onderhoud. Mensen die pas beginnen met hun slangenhobby kunnen het beste kiezen voor soorten die niet al te groot worden (tot ongeveer 2 meter) en die weinig eisen stellen. Bij deze soorten zijn minder problemen te verwachten. Bovendien is er veel informatie over beschikbaar. Wanneer u weet welke soort u wilt gaan houden, is het verstandig om eerst zo veel mogelijk informatie in te winnen. Zoek artikelen op internet, schaf zo mogelijk boeken aan over de soort of het geslacht waartoe de soort behoort en praat met liefhebbers die deze dieren al hebben (gehad). Houd echter voor ogen dat slangen individuen zijn: geen slang is hetzelfde, ze hebben allemaal hun eigen karakteristieke gedrag en voorkeuren.

Morelia spilota ssp (tapijtpython)

Geschikte soorten voor beginners

De hierna genoemde soorten zijn slechts voorbeelden van (wurg)slangen-
soorten die geschikt worden geacht voor beginnende slangenhouders. Ze
stellen niet overdreven veel eisen, zijn niet duur, worden niet te groot en
worden normaal gesproken voldoende nagekweekt.

Colubridae

- De *Pantherophis guttatus* (vroeger: *Elaphe guttata*) is de bekendste
  slangensoort, ook wel rode rattenslang of korenslang genoemd. De
  soort bereikt een lengte van 130-180 cm. Het is een relatief makkelijk
  hanteerbaar, dag- en nachtactief landdier dat in ontelbaar veel verschillende kleuren en patronen is nagekweekt.
- Slangen van het genus *Pituophis* kunnen afhankelijk van de soort 120-
  230 cm lang worden. Het zijn (vooral) nacht- maar ook dagactieve
  landdieren.
- De *Lamprophis fuliginosus* wordt maar 70-90 cm lang en is een wat
  teruggetrokken levend, eerder nachtactief dan dagactief landdier.
- Het genus *Lampropeltis* wordt afhankelijk van de soort 120-230 cm en
  kan wat nerveus zijn, maar staat doorgaans bekend als niet-agressief
  en is eerder nacht- dan dagactief. De meeste soorten behoren tot de
  landdieren.

Boidae

- De mannen van *Gongylophis colubrinus* (vroeger: *Eryx colubrinus*)
  worden 30-40 cm lang en de vrouwtjes 80-90 cm. Ze zijn makkelijk
  hanteerbaar maar wel wat nerveus, de dieren graven graag in de bodem
  en zijn nachtactief.

Morelia spilota ssp.

- De *Morelia spilota* ssp. (*variegata/ cheynei/ macdowelli*) wordt, afhankelijk van de ondersoort, 140-280 cm lang en is doorgaans rustig. Hij is vooral nacht- maar ook dagactief en leeft deels in bomen, deels op de grond.
- De *Python regius* wordt 110-150 cm lang. Hij is rustig van karakter maar snel gestrest. Het gaat om een nachtactief landdier. Schaf zeker van deze soort uitsluitend nakweek aan.
- De *Antaresia maculosa* wordt 100-140 cm lang en is een rustig, nachtactief landdier.
- De *Antaresia childreni* wordt 80-100 cm en is een rustig, nachtactief landdier.
- De *Boa constrictor imperator* wordt 120-300 cm (!) lang, afhankelijk van de locatie en het geslacht. Het is een redelijk makkelijk hanteerbaar en gemiddeld actief landdier, dat met name 's nachts wakker is.

Verschillende 'karakters'

Binnen de drie veel gehouden slangenfamilies zijn er verschillen in karakter. Zo staan leden van de Colubridae-familie erom bekend dat ze beweeglijk zijn: ze verplaatsen zich regelmatig door het terrarium. De boa's bewegen juist weinig, zijn erg rustig en blijven vaak urenlang op dezelfde plaats liggen. De pythons zitten daar enigszins tussenin: ze zijn over het algemeen kalm en laten zich vrij makkelijk hanteren.

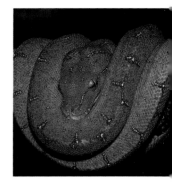

Morelia viridis

Waar?

Het spreekt voor zich dat het terrarium volledig klaar moet zijn voor u slangen gaat aanschaffen en dat het terrarium is afgestemd op de soort die u voor ogen heeft. Slangen zijn te koop bij terrariumspeciaalzaken, op reptielenbeurzen en bij kwekers thuis. Het ene adres is niet per se beter of slechter dan het andere, al gaat de voorkeur uit naar een kweker bij wie de dieren geboren en getogen zijn, zodat u weet uit welke omstandigheden de dieren komen. Alles staat of valt met de verzorging die de dieren ter plaatse krijgen en hebben gehad, en de eerlijkheid en deskundigheid van de verkoper/ verzorger. Als de dieren in een vuile omgeving leven of geen goede indruk maken, laat ze dan waar ze zijn. U wilt niet beginnen met problemen.

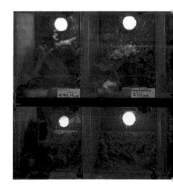

Prijs

Neem de tijd om prijzen met elkaar te vergelijken: deze kunnen enorm variëren. Goedkoop is bij slangen niet altijd duurkoop, en andersom hoeven erg dure slangen niet per se beter of gezonder te zijn dan goedkopere

Terrariumspeciaalzaken hebben doorgaans een ruime keus in populaire soorten

exemplaren. Een zeldzame, zeer gewilde kleur zal bijvoorbeeld vele malen duurder zijn dan een gangbare kleur, maar ook binnen dezelfde kleuren zijn de prijsverschillen soms erg groot.

Tweedehands slang

Beginnende liefhebbers kunnen het beste beginnen met jonge of halfwas slangen, die ze zelf zien opgroeien. Soms worden op advertentiesites op internet en in kranten volwassen exemplaren aangeboden door particulieren. Als u hierop in wilt gaan, vraag dan goed na waarom men afstand wil doen van de slang. Dit kunnen bijvoorbeeld familieomstandigheden zijn (emigratie, scheiding, sterfte), wat niets zegt over de gezondheid en het (goede) gedrag van de slang, maar de reden kan ook zijn agressief en wispelturig gedrag van de slang. Elke slang is uniek, en er zijn binnen dezelfde soort vriendelijke, tamme en agressieve exemplaren bekend. Wees in elk geval wat terughoudend en neem bij twijfel liever iemand mee die veel ervaring met slangen heeft.

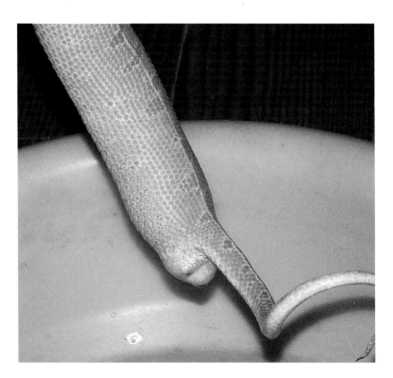

Bepaalde soorten of kleuren, zoals deze albino Python regius, kunnen behoorlijk kostbaar zijn

Gezond of...?

Preventie van ziekten en problemen begint al bij de aankoop. Let daarom op de volgende zaken:

Een M. viridis met constipatie

- geen resten van vervelling op het lichaam;
- ogen staan helder;
- goed sluitende bek;
- dier tongelt;
- geen verwondingen/ beschadigingen/ uitslag op kop en lichaam;
- glad aanliggende schubben;
- schone binnenzijde bek;
- geen slijmvorming bij de bek;
- voor de soort normaal gedrag/ normale lichaamshouding;
- schone cloaca;
- stevige ontlasting.

Let ook op de bakken waarin de dieren worden gehouden. Overbevolking is geen goede reclame, en hetzelfde geldt voor vuile bakken. Neem nooit een slang uit een terrarium dat vies ruikt of dat een verwaarloosde indruk maakt.

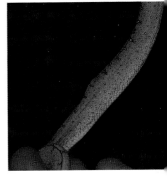

Aangeboren misvorming

Heb je gegeten?

*Belangrijk bij aanschaf van elke slang is
dat de verkoper u kan verzekeren dat het
dier goed en probleemloos eet.*

Wildvang (WV),
farmbreed of nakweek (NK)?

Vraag bij de verkoper na waar de slang vandaan komt. Als beginner schaft u geen slang aan die uit het wild is gevangen. Deze slangen zijn vaak moeilijker aan het eten te krijgen, ze dragen meestal parasieten bij zich en ze hebben door de verandering van omgeving en de lange reis meer te kampen (gehad) met stress, zodat ze gevoeliger zijn voor ziekten en agressief kunnen zijn. Wat oudere wildvangdieren kunnen (te) veel moeite hebben zich aan de nieuwe situatie aan te passen, waardoor u al met handicaps aan de nieuwe hobby begint. Farmbreed wil zeggen dat de slangen in de regio van herkomst voor de export zijn gekweekt. Ook deze slangen hebben er meestal een flinke reis op zitten. Dergelijke dieren kunnen, evenals importdieren, waardevol zijn voor kwekers die hiermee de genetische diversiteit van de nakweek kunnen vergroten, maar zijn doorgaans ongeschikt voor beginners. Een gemiddelde beginner zal desondanks altijd het beste uit zijn met een slang die in gevangenschap is geboren en getogen en die al veel in de hand is geweest. Bij aankoop van een jong slangetje is het verder van belang dat het dier al eet. Het komt nog wel eens voor dat jonge slangen moeilijk aan het eten te krijgen zijn.

Wat moet ik weten?

Als uw keuze op een of meer slangen is gevallen, vraagt u de verkoper naar de volgende zaken:

- Wat voor voer is het dier gewend te eten (dood of levend)?
- Wat is zijn/ haar normale gedrag (geen enkele slang is hetzelfde).
- Wat is de leeftijd van het dier?
- Waar komt het dier vandaan (farm/ wildvang/ nakweek)?
- Eet het dier goed? Kan de verkoper dit bewijzen?
- Waar wordt het dier gevoerd (in of buiten zijn verblijf)?
- Is het geslacht bekend? En hoe is dit vastgesteld?

Nakweekslangen, zoals deze amelanistische korenslangen, zijn makkelijk te houden

Man of vrouw?

Wanneer slangen te koop worden aangeboden, wordt het geslacht meestal aangeduid met twee cijfers, gescheiden door middel van een streep of punt. 1-0 staat voor één mannelijk dier, 2-5 betekent twee mannelijke en vijf vrouwelijke dieren.

Mee naar huis

Een slang kan het beste worden vervoerd in een zogenaamde slangenzak in een (goed afsluitbare plastic) bak. Let op te grote temperatuurverschillen: in koudere jaargetijden is extra isolatie niet overbodig. Het is verstandig om het dier de eerste week zo veel mogelijk met rust te laten. Slangen zijn snel gestrest en hebben tijd nodig om te wennen.

Het is niet verstandig om, zoals hier, verschillende soorten bij elkaar te houden

De kleur

Bij bepaalde soorten veranderen de tekening en kleur bij volwassenheid. Zijn de ouders van een jonge slang aanwezig, vraag dan altijd hen te mogen bekijken. Zo kunt u een betere inschatting maken van de uiteindelijke kleur en tekening.

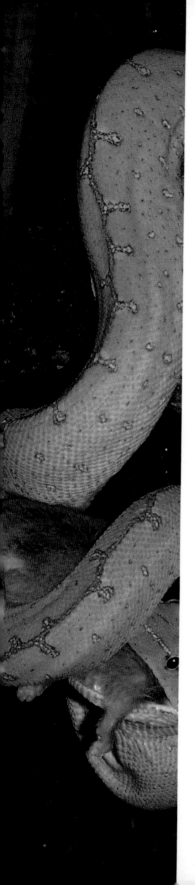

Hoofdstuk 4

Voeding

Prooidieren

Vrijwel alle slangen die door beginnende liefhebbers gehouden worden, eten prooidieren: muizen, ratten, konijnen, cavia's, vogels (zoals eendagskuikens of zelfs jonge kippen), et cetera. Een en ander is afhankelijk van de grootte en voorkeur van de slang. Ook zijn er slangen die graag vis en amfibieën eten. De prooi is in het ideale geval niet veel dikker dan het dikste deel van de slang zelf, maar ook niet veel kleiner.

Waar voeren?

Er zijn liefhebbers die hun slangen buiten hun verblijf te eten geven. Dit heeft voor- en nadelen. Het voordeel is dat de slang op een gegeven moment door zal hebben dat er geen voedsel in zijn verblijf is, en de verzorger dus ook niet snel per ongeluk zal bijten. Dit bijten komt regelmatig voor, bijvoorbeeld wanneer de verzorger zojuist nog de voederdieren heeft verzorgd en zijn ongewassen handen in het slangenverblijf steekt. De slang ruikt de geur van zijn prooi en hapt toe. De meeste slangen trekken daarna snel terug, omdat ze begrijpen dat ze een vergissing hebben gemaakt, maar dan is het leed al geschied. Er zijn echter slangen die dit ook uit gewoonte doen, zonder dat een (prooi)geur hen prikkelt. Het nadeel van buiten de bak voeren is dat de slang uit zijn verblijf gehaald moet worden; hij krijgt zijn voedsel dan aangeboden in een gesloten doos. Zeker als u meerdere dieren bij elkaar houdt, is deze wijze van voeren echter wel aan te bevelen.

Lampropeltis-soorten kunnen zeer kleurrijk zijn

Levende prooien

De wijze van voeren zal normaal gesproken worden aangepast aan de slang zelf. Het is een feit dat de meeste slangen een voorkeur hebben voor levend voer. Daarna gaat de voorkeur uit naar pas gedode en dus nog warme dieren. Het minst geaccepteerd zijn ingevroren, ontdooide dieren. Vrijwel alle slangen die voor beginners geschikt zijn en die in gevangenschap geboren en getogen zijn, accepteren echter ontdooide prooidieren. Geeft u een levende prooi, blijf dan altijd in de buurt zodat u kunt ingrijpen als het misgaat. Zo hebben ratten de naam dat ze zich niet zonder meer laten opeten. Uiteraard geeft u geen dieren die u zelf in de natuur vangt of vindt: deze kunnen allerhande ziekten en parasieten met zich meedragen – om nog maar te zwijgen van gifstoffen (bijvoorbeeld rattengif).

Voedertang

Gedode en ingevroren prooien

Veel liefhebbers geven bij voorkeur gedode voederdieren, onder meer omdat ze er op deze manier van verzekerd zijn dat het voedseldier de slang geen schade berokkent. Slangen die huiverig zijn voor levende prooien, eten vaak wel probleemloos een zojuist gedood of een (door en door) ontdooid prooidier. Ingevroren prooien zijn de makkelijkste vorm van voeren; u kunt hiermee een voorraad aanleggen in de diepvries. Op deze manier worden de meeste parasieten en ziekten die prooidieren bij zich kunnen

Grote slangen vragen om grotere prooien: deze tapijt-python eet een konijntje

Python regius (koningspython)

dragen, gedood. Ontdooien kan in een afgesloten bak op het aanrecht. Bied de prooi met een lange voedertang aan. Laat de prooi dan bewegen, vlak bij de kop van de slang, en maak 'vluchtbewegingen'. Meestal activeert dit wel het instinct om toe te happen. Eventueel kunt u de prooi verwarmen, bijvoorbeeld door deze even in warm water te leggen. Voedertangen zijn bij elke reptielenspeciaalzaak te koop.

Hoe vaak voeren?

Slangen eten niet dagelijks, zoals de meeste huisdieren. Hoe vaak een slang eet, is afhankelijk van allerhande factoren, zoals omgevingstemperatuur, seizoen, vervelling, soort, formaat van de slang en grootte van de eerder genuttigde prooi. Het kan dus zijn dat de slang elke week iets eet, elke twee weken, of juist veel minder of meer. Oudere slangen eten meestal minder vaak dan jonge dieren die nog volop groeien. Heel jonge slangetjes (broedlingen) kunnen soms de eerste weken na de geboorte niets eten. Ze hebben voldoende reserves.

Voedselweigering

Een bekend gegeven onder slangenliefhebbers is voedselweigering. Vooral bij jonge slangetjes komt dit regelmatig voor, evenals bij importdieren. Van voedselweigering kan gesproken worden als de slang vermagert, maar het aangebodene toch niet eet. Dit kan erg frustrerend zijn. In elk geval is het belangrijk om veel variatie aan te bieden. Mogelijk heeft de slang een voorkeur voor een bepaald soort voer en reageert niet op andere voeding. Zo zijn er slangen die bang lijken te zijn van een levende prooi. Bij heel moeilijke eters wil het wel eens helpen om een pas gedode prooi in het verblijf te leggen, waarbij u een flinke inkeping maakt in het kopje. Moeilijke eters komen overigens vaak ook als 'herboren' uit een winterslaap, waarna ze normaal gaan eten. Met de populaire soorten, zoals de korenslang, zult u eetproblemen nauwelijks tegenkomen. Als een slang eens een keertje niet wil eten, hoeft dit niet meteen te betekenen dat er iets niet in orde is. Slangen die net voor een vervelling staan, eten meestal (even) niet, maar ze pakken na de vervelling de draad weer op. Wees wel altijd alert bij voedselweigering; het kan een symptoom zijn van een onderliggende ziekte of een gevolg van stress of een gevoel van onveiligheid. Het hoeft echter niet per se een ziekte te zijn: in het paarseizoen zijn er mannen die niet eten, en veel drachtige vrouwen eten eveneens niets.

Supplementen en vitaminen

Wanneer de voederdieren die u aan des slang geeft gezond, goed voedsel gegeten hebben, bevatten ze alle stoffen die slangen nodig hebben en zijn aanvullende vitaminen en dergelijke meestal niet nodig. Een uitzondering geldt voor slangen met een speciaal dieet en zieke dieren.

*pag. 41:
Tapijtpython
(Morelia spilota variegata)*

*Het kan soms even duren
voor broedlingen gaan eten
(tapijtpythons)*

Hoofdstuk 5

Hanteren en verzorging

Logboek

Ook al heeft u maar een of twee slangen, het is een goede gewoonte om een logboek bij te houden. Schrijf in het logboek duidelijk de kenmerken van de slang op – geboortedatum, herkomst, geslacht –, evenals alle bijzonderheden (inclusief datum) met betrekking tot de volgende zaken:

- Wanneer en wat gegeten?
- Temperatuur op koelste en warmste plek in het verblijf
- Vervellingen
- Afwijkend gedrag
- Ziekten
- Gewicht

Op deze manier kunt u voor uzelf structuur aanbrengen en gaat u op een gegeven moment de normaalwaarden van deze specifieke slang kennen. Alle afwijkingen daarop kunnen wijzen op een probleem. Een logboek is helemaal onmisbaar wanneer u meerdere slangen houdt. Zonder notities is het voor vrijwel niemand meer per slang te achterhalen wanneer deze vervelde of voor het laatst at, of zich een dag vreemd gedroeg.

Pag. 42:
Epicrates cenchria maurus

Wurgslangen hanteren

Het om de haverklap uit het verblijf halen levert onnodige stress op. Doe dit dan ook alleen als het nodig is, bijvoorbeeld als u de slang buiten zijn verblijf voert of zijn verblijf moet schoonmaken. Was vooraf grondig uw handen en onderarmen en laat de slang (mits het een tam dier betreft) aan uw vlakke hand 'ruiken' zodat hij weet dat het geen prooi is. Het is niet verstandig lang te twijfelen als u de slang uit zijn verblijf wilt halen: doe het in één vloeiende, rustige, snelle beweging. Neem de slang ongeveer in het midden van zijn lichaam vast en ondersteun het dier, eenmaal uit zijn verblijf, met uw beide handen. Draag een slang nooit alleen achter zijn kop of aan zijn staart; dit kan verwondingen veroorzaken. Soms is het handiger om de slang met twee handen uit het verblijf te halen, waarbij u met één hand de nek beetpakt en met de andere hand het midden van het lichaam. Ook kunt u een speciale slangenhaak gebruiken, die u op ongeveer de helft van het lichaam onder de slang schuift. Slangen zijn doorgaans minder geneigd om te bijten als ze geen contact hebben met de grond. Eventueel kunt u een gestreste of agressieve slang eerst desoriënteren door een doek over hem heen te leggen.

Wurggreep

Ook al heeft u uw slang al jaren en heeft hij nog nooit agressief gedrag vertoond, slangen zijn en blijven geen doorsnee huisdieren. Ze raken niet

Ondersteun het dier altijd met twee handen

op u persoonlijk gesteld, maar handelen instinctief. Wat ze gaan doen is soms goed te voorspellen aan de hand van de houding die ze aannemen, maar soms ook helemaal niet. Behandel een slang – en zeker de grotere exemplaren – dan ook altijd met het nodige respect, elke dag opnieuw. Bij grote slangen is het verstandig om steeds met twee mensen aanwezig te zijn. Sla uw wurgslang niet voor de lol als een sjaal om uw hals om uw bangige visite te laten gruwelen, en laat al zeker geen kinderen zomaar met een slang rondsjouwen. Kleine en middelgrote slangen zien mensen normaal gesproken niet als voedsel. Ze wurgen dan meestal ook niet om die reden, maar simpelweg omdat ze bang zijn om te vallen. Als uw slang om uw arm gewikkeld zit en u deze beweegt, zal de slang zich heviger vastgrijpen. Wilt u hem loshalen, dan zal hij zich juist nog veel strakker om u heen wikkelen. Maak dus rustige bewegingen. Maar nogmaals: blijf alert. Dit geldt eveneens voor beten. Ook wurgslangen hebben tanden en hoewel ze geen giftige beten toedienen, kunnen ze wel degelijk gevoelige tot – afhankelijk van de soort, kracht en grootte – gevaarlijke wonden veroorzaken. Sommige slangen zijn wat humeurig van aard en bijten 'zomaar', andere (bijna) nooit. Dit is per slang en per soort verschillend. Houd met name uw gezicht altijd buiten het bereik van de slang. Voorzichtigheid blijft te allen tijde geboden.

Met rust laten

Een slang die bezig is met vervellen of die zojuist heeft gegeten, kunt u het beste met rust laten. De meeste slangen zijn in deze perioden prikkelbaar.

Onderschat de kracht van een wurgslang nooit (Acrantophis dumerili)

Verwijder slangenontlasting en -urine zo snel mogelijk

Moeilijke slangen

Een zeer agressieve slang uit zijn verblijf halen kan erg lastig zijn. Een truc om dit toch voor elkaar te krijgen, zonder al te veel risico, is om twee snel en makkelijk afsluitbare kistjes in het verblijf te zetten waar u enkele lappen in legt. Zet er een op de warme plek en een op een koude plek. Tien tegen één dat de slang deze kistjes gaat inspecteren en er op een gegeven moment in blijft liggen. Op dat moment kunt u het deksel sluiten en de slang veilig vervoeren.

Onderhoud

Of het dier het bij u naar zijn zin heeft en gezond blijft, is in grote mate afhankelijk van de tijd en aandacht die u besteedt aan de verzorging. Slangen moeten dagelijks geobserveerd worden, zodat u het in een vroeg stadium merkt als er iets niet in orde is. Een anders heel levendige slang die ineens een paar dagen erg rustig is, of andersom, kan iets onder de leden hebben. Uiteraard is het gedrag tevens afhankelijk van het seizoen, of het dier net gegeten heeft of moet vervellen. Slangen hebben elke 4-7 dagen vers water nodig. Reinig de waterbak goed met een (veilig) ontsmettingsmiddel, zoals chloor. Laat de bak goed drogen en spoel hem nog eens af voor u deze weer in het verblijf terugplaatst. Zit er ontlasting in het drinkwater, ververst het water dan nog dezelfde dag: zeker in de vochtige, warme omgeving van een terrarium kunnen bacteriën zich razendsnel vermenigvuldigen en uw dier(en) ziek maken. Laat ontlasting op de bodembedekking evenmin liggen en maak de ruiten dagelijks schoon.

Voedsel dat niet is opgegeten, gooit u weg, en hetzelfde doet u met afgestroopte slangenhuid. Controleer de bodem: een vochtige bodem is voor de meeste populaire soorten funest voor de gezondheid. Uw slangen kunnen er *blisterdisease* van krijgen. Controleer ten minste wekelijks de temperatuur op diverse plaatsen in het terrarium. In de zomer kan het te warm worden, terwijl 's winters (als de dieren geen winterslaap houden) mogelijk wat meer warmte nodig is. De bodembedekking moet eens in de zoveel tijd compleet worden vervangen, maar hoe vaak dat nodig is, hangt sterk af van de graad van vervuiling.

Tips winterrust en winterslaap

* *Bent u van plan de dieren zich te laten voortplanten, zorg er dan voor dat de vrouwelijke dieren voor de winterrust of -slaap genoeg vetreserves hebben.*
* *Laat altijd drinkwater in het verblijf, zodat het dier kan drinken als het even wakker wordt.*
* *Controleer de dieren regelmatig. Soms gaat het mis tijdens een winterslaap en teren ze toch te veel op hun vetvoorraden in. Dit is te merken aan de huid, die plooien gaat vertonen. Doe in dat geval de warmtemiddelen weer progressief aan en geef het dier te eten.*
* *Onder meer bij jonge slangetjes die nog volop groeien, kunt u beter geen winterslaap activeren.*

pag. 47:
M. viridis
(passieve jager), wachtend
op een potentiële prooi

Winterrust en winterslaap

Bij ectothermen hangen de metabolische functies af van de omgevingstemperatuur. In hun natuurlijke omgeving hebben slangen te maken met verschillende seizoenen, die hun weerslag hebben op het immuunsysteem en de mogelijkheid om tot voortplanting te komen. Wijken de condities in het terrarium te veel af van de natuurlijke situatie, dan is de kans groot dat het dier ziek wordt en/of niet tot voortplanting kan overgaan. De natuurlijke situatie moet dan ook in het terrarium zo veel mogelijk worden nagebootst. Informeer of de soort die u houdt winterrust of een winterslaap nodig heeft, en welke overwinteringstemperatuur geschikt is. Deze verschilt namelijk per soort. Ook hebben bepaalde soorten een nat seizoen nodig, wat te bereiken is door het terrarium te besproeien; laat u ook hierover informeren voor u de slang aanschaft.

Winterrust

De meeste *Boidae* hebben winterrust nodig. Bij deze slangen laat u de temperatuur 's nachts dalen tot 18-20°C. Zorg overdag voor een warmteplaats van 30-32°C en een van rond de 25°C. Zo kan het dier zelf bepalen waar het behoefte aan heeft. Deze winterrustperiode duurt ongeveer 6-8 weken (afhankelijk van de soort). De meeste mannen worden in deze periode actiever en weigeren voedsel. Vrouwen eten vaak wel, maar kleinere prooidieren, of minder vaak. Aan het einde van de winterrust kunt u de dieren samenbrengen: als alle omstandigheden in orde zijn, zullen de dieren direct gaan paren, of snel daarna.

Winterslaap

Een winterslaap wordt ook wel effectieve hibernatie genoemd. Dit is vaak nodig voor de Colubridae, die in het wild in gematigde streken leven en in de herfst een plek opzoeken waar ze in winterslaap gaan. Ze blijven maandenlang in hun schuilplaats, ademen zeer traag en eten niets. In het terrarium bootst u dit na door zowel de nacht- als dagtemperatuur te verlagen. Houd tussen de laatste voeding en de temperatuurverlaging drie weken aan. Dit geeft de slang de kans om zijn voedsel goed te verteren. Verlaag de temperatuur daarna geleidelijk, in 3-4 weken, naar de wintertempera-

*Boa constrictor
imperator mexicana*

Morelia viridis

tuur. Houd deze 8-10 weken aan en verhoog de temperatuur daarna weer geleidelijk gedurende 3-4 weken tot de normale (warme) temperatuur die het dier gewend was. Welke temperatuur geschikt is, is per soort verschillend. Slangen uit gematigde streken verlangen in doorsnee wintertemperaturen van ongeveer 12-14°C. Dit is moeilijk realiseerbaar in een woonvertrek: breng ze in dat geval over naar een koeler verblijf, zoals een garage, schuur of kelder.

Winterslaap- en winterrust: de uitzonderingen

Nakweekdieren die al generatieslang in terraria gekweekt worden, hebben vaak geen winterslaap meer nodig. Dit is bijvoorbeeld het geval bij de meeste korenslangen, waarbij het doorgaans voldoende is om het terrarium gedurende één wintermaand in de woonkamer te plaatsen zonder extra warmtebronnen. Let wel: in die maand leven de dieren op hun vetvoorraad, dus dit kan alleen met dieren die in topconditie verkeren. Controleer de dieren regelmatig.

Hoofdstuk 6

Problemen en ziekten

Voorkomen is beter dan...

Zeker de populaire slangensoorten staan bekend om hun gehardheid. Heeft u een gezond, goed etend en parasietvrij dier gekocht op een betrouwbaar adres en wordt het dier toch ziek, dan ligt dit vrijwel altijd aan de verzorging en/of voeding. Denk aan een gebrekkige ventilatie of juist tocht, een natte bodem, te veel slangen in een verblijf (stress), verkeerde luchtvochtigheid (te droog of te vochtig), verzwakte weerstand door stress omdat er geen schuilplaatsen zijn, en een verkeerde temperatuur. Stress verlaagt de weerstand en daardoor wordt een slang gevoeliger voor ziekten en bacteriën. Dit is ook een van de redenen dat het niet verstandig is om een slang steeds uit zijn verblijf te halen. Een slang gezond houden begint dus bij een goede, soortspecifieke verzorging in een stressvrije omgeving. We kunnen hier lang niet alle bij slangen voorkomende ziekten en afwijkingen behandelen; neem altijd contact op met een gespecialiseerd arts als u het niet vertrouwt.

De dierenarts

Ziekten zijn zoals gezegd voor een groot deel te voorkomen door de dieren in de best mogelijke, stressvrije omstandigheden te houden. Desondanks kan alles wat leeft ziek worden. En dan is het meer dan prettig als u een dierenarts kent die zich heeft toegelegd op reptielen. De medicatie bij slangen luistert heel nauw: bij een verkeerde dosering kan een geneesmiddel een averechts effect hebben. Leden van reptielenverenigingen kunnen u vaak wel vertellen welke artsen zich in reptielen gespecialiseerd hebben. Zit geen van hen bij u in de buurt, dan kunt u misschien een dierenarts vinden die met een gespecialiseerd arts wil overleggen.

Mijten

Mijten zijn een bekend probleem. De rode bloedmijt bijvoorbeeld is een typische hagedissenparasiet ter grootte van een speldenknop, die ook op slangen leeft. Vaak, maar niet altijd, is een mijtenbesmetting te herkennen aan een witte of zilverachtige uitslag op – of waas over – het slangenlichaam. De donkere, minuscule uitwerpselen van de mijten vindt u soms terug in de waterbak, of u ziet de mijten over uw slang 'wandelen'. Neem een mijtenbesmetting zeer serieus. Vooral broedlingen en zwakkere slangen kunnen zo zwak worden dat ze eraan doodgaan. Een gespecialiseerd dierenarts kan de slang een middel tegen mijten voorschrijven. Het dier wordt tijdelijk in een ander, vrij kaal, verblijf overgebracht (vergeet niet een koelkastdoos in dit verblijf te zetten zodat het dier kan schuilen). Haal het terrarium volledig leeg en ontsmet alles met kokend water en chloor. Vaak

Zoek altijd een in slangen gespecialiseerde dierenarts

moet de behandeling, zowel op het dier als in het verblijf, enkele keren worden herhaald, omdat de mijteneitjes minder gevoelig zijn voor ontsmettingsmiddelen en bestrijdingsmiddelen en er dus een herbesmetting kan plaatsvinden.

Longontsteking

Longontsteking komt zo nu en dan voor. Een slang met longontsteking haalt onregelmatig en/of moeilijk adem. U kunt de ademhaling soms horen. Het dier houdt de bek vaak open en dikwijls is er slijmvorming rond de bek en neusgaten te zien. Slangen met een longontsteking willen meestal niet eten. Wordt er niet ingegrepen, dan sterft het dier. De oorzaken van longontsteking zijn divers, zoals tocht, een verkeerde luchtvochtigheid, een bacteriële besmetting, inademing van schimmelsporen, een te koude leefomgeving of een virus. Het is verstandig de temperatuur iets te verhogen en meteen een gespecialiseerd arts te bellen: de behandeling moet namelijk worden afgestemd op de oorzaak.

Vervellen gaat niet goed

Als een slang gaat vervellen, dan gebeurt dit meestal binnen enkele uren. De huid begint te stropen bij de kop en 'rolt' binnenstebuiten van het dier af. Hiertoe schuurt de slang langs ruwe voorwerpen in zijn verblijf. Deze moeten dus wel aanwezig zijn. Het komt regelmatig voor dat een slang maar deels vervelt, zodat er stukken oud vel blijven zitten. Heel vaak zijn dit soort vervellingsproblemen een gevolg van een te lage luchtvochtigheid. Verhoging van de luchtvochtigheid kan het euvel al oplossen, maar beslist niet altijd. Geef een slang met vervellingsproblemen in elk geval een water-

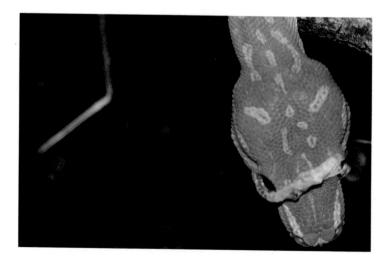

Het vervellen begint bij de kop

bak met lauwwarm water (30-32°C): een bad wil namelijk nog wel eens helpen. Leg een steen of tak in het water, waar het dier tegenaan kan schuren. Als uw slang twee keer niet goed door de vervelling komt, is het verstandig een expert te raadplegen.

Schubrot

Schubrot kan worden veroorzaakt door een bacteriële infectie of een schimmelinfectie en komt vooral voor bij een vochtige bodembedekking. Schubrot is te herkennen aan de geur. De aangetaste plek (meestal aan de onderzijde van de slang) ruikt erg onfris. De aangetaste plek kunt u het beste dagelijks, gedurende ten minste acht dagen, deppen met een 3%-oplossing waterstofperoxide. Dit doodt een deel van de veroorzakers. Daarna kunt u de plek insprayen met een gentiaanviolet-oplossing. Dit (kleur)middel bevat gifstoffen, dus ga er uiterst zorgvuldig mee om.

Legnood

Net zoals bij andere dieren die eieren leggen, kunnen ook slangen legnood krijgen. Dit is soms lastig te onderkennen, omdat slangen niet een afgepast aantal dagen 'zwanger' zijn van hun eieren. Wat u eventueel kunt merken is dat het dier een tijd op zoek is naar een goede legplaats en dan ineens weer terugvalt in het normale gedrag, terwijl ze nog steeds flink dik is. Dit kan allerlei oorzaken hebben, variërend van verkeerd gevormde (te grote) eieren tot, uiteraard, stress en het ontbreken van een veilige legplaats – vanuit haar perspectief gezien. Ga naar een gespecialiseerd dierenarts, want wordt deze situatie op haar beloop gelaten, dan zal de slang vrijwel altijd sterven.

Morelia spilota ssp.

Mondrot (stomatitis ulcerosa)

Mondrot is een gevaarlijke ziekte die zo snel mogelijk herkend en behandeld moet worden. Verwaarloosde of te laat opgemerkte mondrot eindigt namelijk vrijwel altijd met de dood. Een slang met mondrot heeft witte pus in de bek. Mondrot kan veel verschillende oorzaken hebben (waaronder slechte hygiëne) en hoeft niet per se in de mond zelf begonnen te zijn.

Mondrot bij een boa constrictor

Ziek?

Als een slang ziek oogt, is hij ook ziek. Denk niet: we kijken het even aan, maar raadpleeg zo snel mogelijk een gespecialiseerd arts.

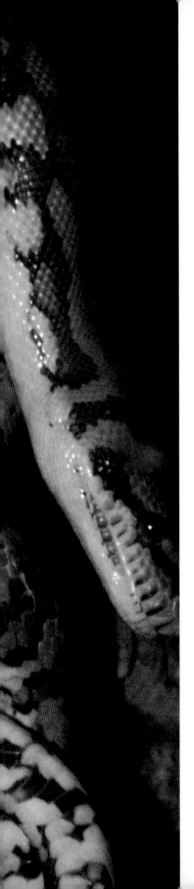

Hoofdstuk 7

Kweek

Kweken, waarom?

Relatief veel slangenhouders gaan er op een gegeven moment toe over om te kweken met hun dieren. Nakweek levert een belangrijke bijdrage aan het instandhouden van de soort in gevangenschap: u helpt er andere liefhebbers mee, en ook de slangensoort zelf. Het kweken van slangen dient dan ook een tweeledig doel en groeit niet zelden uit tot een allesomvattende hobby. In deze basisgids kunnen we het kweken niet volledig behandelen, temeer daar elke soort zijn eigen specifieke eigenschappen heeft. We houden het dan ook bij algemene richtlijnen. Schaf, wanneer u wilt gaan kweken, gespecialiseerde literatuur aan en leg contact (bijvoorbeeld via internet) met ervaren slangenhouders.

Man of vrouw?

Bij slangen zijn de geslachtskenmerken niet aan de buitenzijde te zien. Mannen hebben twee hemipenissen die aan de binnenzijde van de cloaca liggen en voor de paring naar buiten worden gebracht. Deze hemipenissen liggen in de richting van de staart, in een lichte V-vorm. De twee meest gebruikte methoden om het geslacht te bepalen zijn sonderen en 'poppen'.

Nakweek is belangrijk voor het instandhouden van de soort in gevangenschap

Sonderen

Sonderen, ook wel 'peilen' genoemd, is een betrouwbare methode om het geslacht van een slang te achterhalen. Bij het sonderen wordt een metalen stiftje met een stompe punt met een speciaal glijmiddel ingebracht in de cloaca. De stift kan bij mannelijke slangen verder worden ingebracht dan bij vrouwelijke dieren. Het sonderen is een precisiewerkje dat alleen mag worden uitgevoerd door een expert. Het onvakkundig inbrengen kan leiden tot bloedingen en onvruchtbaarheid.

Hemipenissen naar buiten keren

Deze methode wordt populair ook wel 'poppen' genoemd. Hierbij worden één of beide hemipenissen van de man naar buiten gedrukt (slangenmannen hebben twee penissen). Poppen kan alleen maar gedaan worden bij heel jonge dieren. Ze zijn dan nog soepel: hun spiermassa is nog weinig ontwikkeld. Het jonge dier wordt met de rug over een wijsvinger gelegd, zodat de cloaca vrij ligt en een beetje openstaat. Met een wrijvende beweging met de duim vanaf de staart naar de cloaca wordt geprobeerd de hemipenis(sen) naar buiten te drukken. Wanneer deze verschijnen, is er 100% zekerheid dat het een man betreft. Zo niet, dan bestaat er nog steeds een kans dat het dier mannelijk is. Deze techniek heeft niet iedereen in de vingers: de uitslag staat of valt met de ervaring en deskundigheid van degene die de dieren hanteert. Zeer ervaren slangenhouders kunnen

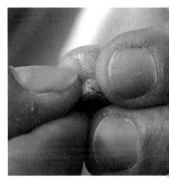

'Poppen'

met deze methode vrijwel 100% zekerheid geven. Overigens worden bepaalde soorten nooit gepopt omdat dit verwondingen veroorzaakt (zoals bij *Morelia viridis*).

Paren, eieren en jongen

Slangen paren alleen als ze in een heel goede conditie zijn en zich veilig voelen. Sommige soorten (Colubridae en Viperidae) hebben een winterslaap (hibernatie) nodig. Overigens leggen de meeste slangen eieren (rode rattenslang, pythons), maar er zijn ook soorten die eierlevendbarend zijn, zoals boa's en kousenbandslangen. Het is verstandig om tijdig een lage bak – zoals een koelkastdoos, waarvan u het deksel straks weer nodig heeft – in het terrarium te plaatsen, gevuld met vochtige turf en sphagnum-mos. Vocht is belangrijk tegen uitdroging. Zet de bak op een beschutte plek. Een teken dat er eieren in aantocht zijn, is de vervelling van de vrouw en de daarbij behorende voedselweigering. Ongeveer 1-2 weken na de vervelling kunt u eieren verwachten en dit is gemiddeld vijf weken na de paring. Toch zijn er grote verschillen per soort, dus pint u zich hier niet op vast. Veel vrouwtjes worden tegen de tijd dat ze gaan leggen beduidend dikker.

Broedzorg
De meeste pythons plegen broedzorg: de vrouw broedt
haar eieren onder goede omstandigheden zelf uit en
verhoogt haar lichaamstemperatuur door haar lichaam
te laten samentrekken. Zodra de eitjes op uitkomen staan,
verliest ze haar interesse.

Eieren van de korenslang

Op deze manier kunnen opgroeiende slangen praktisch en veilig worden gehuisvest

Uitbroeden

Het slangenei heeft een leerachtige schaal en laat vocht en lucht door. Te veel vocht is funest voor het jong (dit kan gebeuren als de eitjes in de waterbak gelegd worden), maar droogte is dat evenzeer. De meeste slangenhouders hebben een broedmachine om de slangeneieren in uit te broeden, of ze vragen een andere slangenhouder dit te doen. De luchtvochtigheid (80-100%) en temperatuur kunnen in een broedmachine beter worden geregeld dan in een terrarium.

Huisvesting jonge slangetjes

Kleine jonge slangetjes huisvest u bij voorkeur in een erg klein verblijf: één babyslang per bakje. Vaak is een koelkastbakje van zo'n 15 bij 20 centimeter of iets groter al voldoende voor de baby's en peuters. Vergeet niet aan de voorzijde ventilatiegaten aan te brengen, net onder het deksel. Leg een paar lagen keukenpapier op de bodem. Dit lijkt misschien dieronvriendelijk, maar het tegendeel is waar: in een donkere, beperkte omgeving voelt het jonge slangetje zich veiliger. Het lijkt op een hol. Vergeet niet dat jonge slangetjes in de natuur vaak ten prooi vallen aan andere roofdieren en ze alleen dan overleven als ze zich goed kunnen verstoppen. Dit instinct zit

Huisvest jonge slangetjes altijd apart

diep geworteld in de jonge slangetjes. In een te groot verblijf voelen ze zich vaak onveilig, wat uitmondt in stress, voedselweigering en allerhande andere problemen. Vervang het keukenpapier dagelijks voor een schone onderlaag, zonodig vaker. De ondergrond moet zeker tot na de eerste of tweede vervelling een beetje vochtig zijn; daarna houdt u hem juist droog. Zet de bakjes voor ongeveer een derde tot de helft op een warmtemat (reptielenspeciaalzaak): zo kan de broedling ook een wat koelere plaats opzoeken. Zet een verzwaard bakje met water in de broedlingbak, maar vul deze niet verder dan tot ongeveer een derde.

Opfok jonge slangetjes

Babyslangetjes eten niet altijd meteen. Sommigen wachten tot ze voor het eerst zijn verveld en dat kan wel eens 2-4 weken duren. Desondanks is het niet verkeerd om te proberen ze eerder te laten eten: hoe vroeger ze eten, hoe minder problemen er in de toekomst te verwachten zijn. Voor de meeste populaire slangen (rattenslangen bijvoorbeeld) geldt dat u ze het beste pasgeboren (dode) muisjes kunt geven, en de grootte daarvan geleidelijk aanpast aan de groei van de slang. Gemiddeld eet een jong slangetje twee van dergelijke prooien per week. Als een slangetje (broedling) van een maand oud nog steeds niets wil eten, of er eerder al wat magertjes uit komt te zien, zal het eetgedrag gestimuleerd moeten worden. Het wil wel eens helpen om het kopje van de pasgeboren muis enigszins in te kepen alvorens u het aanbiedt. Werkt dit niet, vraag dan een ervaren slangenhouder om hulp: er zijn veel meer mogelijkheden.

Pag. 59:
Paring

*Kluwen pasgeboren
tapijtpythons*

Hoofdstuk 8

CITES en belangerijke adressen

CITES en Europese wetgeving

Iedereen die slangen heeft, heeft te maken met wetgeving. In 1974 is er een internationale afspraak gekomen over de handel in uitheemse diersoorten, de *Convention on International Trade in Endangered Species of wild fauna and flora*, beter bekend als CITES. Allerlei uitheemse planten en dieren die wereldwijd veel worden verhandeld, zijn ondergebracht in bijlagen:

CITES Bijlage I: soorten die met uitsterven worden bedreigd vanwege de handel. Deze dieren mogen niet meer uit het wild worden gevangen; handel is alleen toegestaan in nakweekdieren.

CITES Bijlage II: soorten die met uitsterven bedreigd kunnen worden als de handel vrij is. Deze dieren mogen alleen nog maar uit hun oorspronkelijke leefgebied worden uitgevoerd als er een CITES-vergunning voor is verleend.

CITES Bijlage III: hierin staan de soorten waarvan het land waar het dier in de natuur voorkomt, het belangrijk vindt dat de uitvoer gecontroleerd gaat.

De CITES-lijsten worden elke twee jaar opnieuw bekeken. Als het aantal dieren van een bepaalde soort in het land van herkomst achteruitloopt, kan er bijvoorbeeld voor worden gekozen een dier van Bijlage III naar II, of van II naar I te brengen. In vrijwel elk land zit een CITES-bureau dat vergunningen afgeeft voor de handel (in- en uitvoer) in beschermde dieren. Het kan gebeuren dat een slangenhouder controle aan huis krijgt en moet kunnen aantonen middels een vergunning of ontheffing waar het dier vandaan komt.

Naast CITES heeft een slangenhouder te maken met onder meer de Europese en landelijke wetgeving, die aanvullende regels (kunnen) hanteren.

De Natrix maura is beschermd en mag niet als terrariumdier worden gehouden

European Snake Society (Europese slangenvereniging)
Internet: www.snakesociety.nl

Serpentes
Internet: www.serpentes.be

Belgian Ophidian Association (B.O.A.)
Internet: www.boavzw.com

Lacerta (Nederlandse vereniging voor Herpetologie en terrariumkunde)
Internet: www.lacerta.nl

CITES-bureau
Zorg dat u de Latijnse naam van de soort waar u een vraag over heeft, bij de hand heeft als u belt. Telefoonnummer: (078) 6395340

Websites met belangrijke informatie over vergunningen en CITES
Nederland (BUDEP):
http://www.openbaarministerie.nl/publikat/milieu/budep.htm
België (VLAREM):
http://www.argusmilieu.be/NEO/InfoBrochures/VLAREM/framesvlarem.htm

Fotoverantwoording
Alle foto's zijn gemaakt door Laurent Smet, met uitzondering van: pag. 7, 48 en 60 door Bruno Turpeau; pag 8, 31 onder, 34 onder, 38, 43, 44, 51 en 62 door FurryTails/Esther Verhoef; pag 14, 37 en 39 door Arnaud Vilmant.

Basisgidsen dierenverzorging

De paperbackreeks Basisgids Dierenverzorging bestaat uit
de volgende delen*:

Aquarium voor beginners *Jan-Cor Jacobs*

Beagle *Janine Verschure*

Bullmastiff *Esther Verhoef*

Cavia's *Netty de Wit*

Drentsche Patrijshond *Diana van Houten*

Duitse Dog *Esther Verhoef*

Duitse Herder *Diana van Houten*

Dwerggeiten *Janine Verschure*

Flatcoated Retriever *Diana van Houten*

Franse Bulldog *Esther Verhoef*

Grasparkieten *Ellen Uittenbogaard*

Grijze Roodstaartpapegaai *Ellen Uittenbogaard*

Heilige Birmaan *Esther Verhoef*

Honden fokken *Esther Verhoef*

Katten fokken *Esther Verhoef*

Een Kat in huis *Esther Verhoef*

Kippen *Esther Verhoef*

Kleine Knaagdierengids *Judith Lissenberg*

Konijnen *Esther Verhoef*

Labrador Retriever *Diana van Houten*

Muizen *Judith Lissenberg*

New Forest Pony *Janine Verschure*

Newfoundlander *Diana van Houten*

Ponyverzorging *Janine Verschure*

Planten en dieren voor de tuinvijver *Marcel Nijland*

Een Pup in huis *Esther Verhoef*

Pups opvoeden *Marcel Nijland*

Senegal Papegaai *Ellen Uittenbogaard*

Shar Pei *Diana van Houten*

De Shetland Pony *Janine Verschure*

Sierduiven *Elaine van Houten*

Slangen voor beginners *Leo van Lindt*

Teckels *Esther Verhoef*

Terrarium voor beginners *Jan-Cor Jacobs*

Vissen voor het gezelschapsaquarium *Leo van Lindt*

Welsh Pony *Janine Verschure*

* Deze reeks is in ontwikkeling. Voor een actueel overzicht van verkrijgbare titels
  kijkt u op onze website: www.rebo-publishers.com

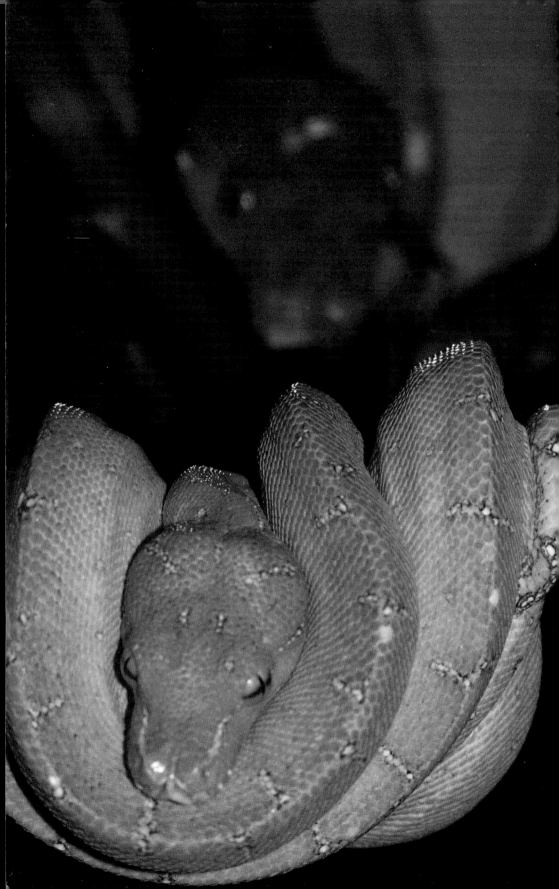